BACKEN MIT STEVIA

Süßer Genuss ohne Zucker

Autorinnen: Christiane Schäfer, Sandra Strehle | Fotos: Jörn Rynio

INHALT

TIPPS UND EXTRAS

STATT ZUCKER: STEVIA

Stevia verspricht Süße ohne Kalorien. Als einer der natürlichen Süßstoffe
ist das Pulver in aller Munde – hier die wichtigsten Infos zu Stevia.

Stevia ist eine Pflanze mit dem botanischen Namen *Stevia rebaudiana*, umgangssprachlich auch »Süßkraut« oder »Honigkraut« genannt. Einigen südamerikanischen Völkern ist die Pflanze bereits seit Langem aufgrund ihres süßen Geschmacks bekannt. In der Mitte des 20. Jahrhunderts gelangte die Pflanze nach Europa und war seitdem Gegenstand zahlreicher Forschungen auf der Suche nach einem pflanzlichen Süßstoff.
Seit Dezember 2011 darf Stevia in der EU offiziell als Lebensmittelzusatzstoff in Schokolade, Süßigkeiten sowie in Getränken und Müslis angeboten werden. Daneben gibt es reine Stevia-Produkte als Süßstoff. Kuchen, Kekse, Desserts oder Snack- und Knabberartikel mit Stevia sind bis zum Stand der Veröffentlichung nicht auf dem Markt.

EIGENSCHAFTEN VON STEVIA

Die Süße von Stevia beruht auf acht Glykosiden (Steviolglykosiden), die in den Blättern der Stevia-Pflanze vorkommen. Den größten Anteil an diesen Glykosiden machen Steviosid und Rebaudiosid A aus. Letzterem werden dabei die besten sensorischen Eigenschaften zugeschrieben, denn es schmeckt bei der geringsten Bitterwirkung am süßesten. Deshalb ist der Rebaudiosid-A-Anteil auch entscheidend für die Qualität und den Geschmack von Stevia-Produkten. Stevia hat den großen Vorteil, dass es süß schmeckt, enorm Kohlenhydrate sparen kann und für Diabetiker geeignet ist. Nachteil: Zu hoch dosiert erinnert es an Lakritze.

WELCHE STEVIA-PRODUKTE GIBT ES?

Das Gemisch der aus der Stevia-Pflanze gewonnenen Glykoside hat den gleichen Namen wie sein Hauptvertreter: Steviosid oder Steviosid-Extrakt. Natürliches Stevia-Pulver ist bräunlich und seine Farbe erinnert an Rohrohrzucker (siehe Bild). Im Handel finden Sie es zum einen als gereinigtes, weißes Pulver, zum anderen als Flüssigkeit oder Mischprodukt in Kombination mit anderen Stoffen. Einen Überblick über die aktuell im Handel erhältlichen Stevia-Produkte haben wir für Sie in einer Tabelle zusammengestellt (siehe S. 6).

STEVIA IN DER KÜCHE

Nach unseren Erfahrungen und Tests mit mehreren Stevia-Produkten empfehlen wir in der Küche die Verwendung von Steviosid-Extrakt in Pulverform. Denn es hält Temperaturen bis 200° stand und lässt sich daher auch zum Backen gut verwenden. Steviosid-Extrakt ist wasserlöslich und geruchlos und eignet sich bei exakter (!) Dosierung für nahezu alle Koch- und Backprozesse.
Das genaue Abwiegen von Stevia ist beim Backen allerdings das A und O – denn: Zu wenig Stevia lässt das Gebäck nicht süß genug erscheinen, zu viel Stevia kann schnell sehr bitter oder lakritzartig schmecken. Am besten arbeitet man daher mit einer genauen Digitalwaage. Als kleinen Service haben wir Ihnen Mengenbeispiele sowie die wichtigsten Umrechnungsformeln dazu in der hinteren Umschlagsklappe zusammengestellt.

Mengen, die sich deutlich einfacher abwiegen lassen. Ein Gramm mehr oder weniger fällt dann gar nicht ins Gewicht. Allerdings leidet der meist gewünschte Spareffekt für Kohlenhydrate, sobald kombinierte Stevia-Produkte verwendet werden. Wenn Sie also mithilfe von Stevia-Produkten vor allem Zucker bzw. Kohlenhydrate einsparen möchten, sollten Sie die Produkte schon beim Einkauf sorgfältig auf Zuckeraustauschstoffe vergleichen.

STEVIA ZUM BACKEN

Mit reinen Steviosid-Extrakten vermeiden Sie nicht nur Zucker und Zuckeraustauschstoffe, sondern können sogar am preisgünstigsten arbeiten. Wo es möglich ist, haben wir daher bei unseren Rezepten Steviosid-Extrakt verwendet.

Manche Teige gelingen unserer Erfahrung nach allerdings besser mit einem Stevia-Mischprodukt. Sowohl die Teigführung ist einfacher als auch der Geschmack des Gebäcks überzeugt stärker. Wir verwenden daher beispielsweise für Biskuit ein Stevia-Granulat, dem der Zuckeraustauschstoff Erythrit beigemischt ist.

WAS IST ERYTHRIT?

Einige Stevia-Produkte enthalten Erythrit. Dabei handelt es sich um einen Zuckeraustauschstoff, der als unbedenklich gilt und auch in größeren Mengen kaum abführend wirkt. Er kommt natürlicherweise in geringen Mengen in einigen Gemüse- und Obstsorten (Birne, Wassermelone, Weintrauben, Pilze), fermentierten Lebensmitteln (Sojasauce, Reiswein, Bier) sowie Käse vor. Die Löslichkeit von Erythrit beim Backen ist etwas eingeschränkt, da es schnell auskristallisiert. In Verbindung mit Steviosid-Extraktpulver ergibt Erythrit ein voluminöses Granulat und erzielt bei wasserreichen Teigmassen ein schönes Backergebnis.

KOMBINIERTE STEVIA-PRODUKTE

Stevia-Mischprodukte wie Granulat oder Streusüße sind keine reinen Steviosid-Extrakte, sondern enthalten beispielsweise zusätzlich Zuckeraustauschstoffe oder Ballaststoffe. Dadurch wird das Stevia-Produkt voluminöser, was die Verwendung im Haushalt vereinfacht: Man arbeitet mit größeren

STEVIA-PRODUKTE IM HANDEL

PRODUKT (HERSTELLER)	INHALTSSTOFFE
Pulver (reiner Steviosid-Extrakt; weiß, geruchlos, wasserlöslich)	
Daforto Stevia Basic	95 % Steviolglykoside
Daforto Stevia Gold	100 % Steviolglykoside (davon 98 % Rebaudiosid A)
Steevia® Steviosid-Extrakt (Gesund & Leben)	mind. 95 % Steviolglykoside (davon 25 % Rebaudiosid A), Pflanzenbestandteile
Stevi Stevia Extraktpulver (HNK)	95 % Steviolglykoside
Flüssigextrakt (Mischprodukt)	
Daforto Stevia Flüssig Natur	60 % Rebaudiosid A, Wasser, Vitamin C, Kaliumsorbat
Steevia® Fluid (Gesund & Leben)	mind. 20 % Steviolglykoside, entkeimtes Wasser, pflanzliches Glyzerin, Zitronensäure, Kaliumsorbat
Stevi Steviosid Stevia Fluid (HNK)	Glyzerin (Alkohol), Wasser, gelöste Stevioside
Granulat (Mischprodukt)*	
Daforto Stevia Plus	Erythrit, Steviolglycoside (davon 9 % Rebaudiosid A)
Daforto Stevia Streusüße	Erythrit, Steviolglykoside (davon 98 % Rebaudiosid A)
Natura Stevia Plus	Maisdextrin, Steviolglycoside (davon 9 % Rebaudiosid A)
Steevia® Groovia (Gesund & Leben)	Erythrit, Steviolglycoside (davon 97 % Rebaudiosid A)
Stevi Stevia Streusüße Granulat (HNK)	95 % Erythriol, 5 % Stevioside

SÜSSKRAFT	BEWERTUNG
250-mal süßer als Zucker	vielfältiger Einsatz zum Kochen und Backen
480-mal süßer als Zucker	vielfältiger Einsatz zum Kochen und Backen (Achtung: sehr vorsichtig dosieren!)
300-mal süßer als Zucker	vielfältiger Einsatz zum Kochen und Backen
300-mal süßer als Zucker	vielfältiger Einsatz zum Kochen und Backen
Geschmack abhängig von Herstellungsverfahren	Flüssigextrakt, zum Kochen und Backen geeignet
Geschmack abhängig von Herstellungsverfahren	Flüssigextrakt, zum Kochen und Backen geeignet
Geschmack abhängig von Herstellungsverfahren	Flüssigextrakt, zum Kochen und Backen geeignet
10-mal süßer als Zucker	Bietet mehr Volumen als das reine Extraktpulver, verhältnismäßig teuer
2-mal süßer als Zucker	verhältnismäßg teuer
1 gestr. TL (2 g) = 1 TL Zucker (6 g)	wasserlösliches weißes, sehr feines Pulver; als Puderzuckerersatz (z. B. zur Herstellung von Marzipan), verhältnismäßig teuer
4 – 5-mal süßer als Zucker	– v. a. für milde Teigarten ohne Eigengeschmack geeignet, die mit reinem Steviosid-Extrakt lakritzähnlich schmecken würden. – Einsatz wie Zucker – bietet ausreichend Volumen für empfindliche Teigarten (z. B. Biskuitrollen, Hefeteiggebäck ohne Füllung)
1,8-mal süßer als Zucker	

* Die kostengünstige Alternative zu Stevia-Granulat: Einfach die umgerechnete Menge Steviosid-Extrakt mit 1 EL Zucker (15 g) mischen. Die Kalorien pro 1 Stück Kuchen erhöhen sich dadurch um 6 kcal.

BACKEN MIT STEVIA

Zucker spielt in fast jedem Backrezept eine Hauptrolle. Wir zeigen, wie Sie mit Stevia zu traumhaften Backergebnissen kommen.

Was bewirkt der Zucker eigentlich in Teigen? Einerseits karamellisiert er bei hohen Temperaturen und sorgt damit für Aromabildung und Bräunung. Andererseits helfen die Zuckermoleküle auch bei der Strukturbildung, indem sie das beim Schaumigschlagen der Eigelbe entstandene Netz während des Backprozesses stabilisieren.

Die Aromabildung kann durch Stevia genauso herbeigeführt werden. Allerdings süßt reiner Steviosid-Extrakt so stark, dass er genau dosiert werden muss. Zu viel davon kann leicht bitter oder lakritzartig schmecken. Wir arbeiten daher mit einer digitalen Feinwaage und wiegen jedes Milligramm genau ab. Weil Stevia-Gebäck nicht ganz so schön und schnell bräunt wie herkömmliches Gebäck mit Zucker, backen wird es in der Regel etwas länger und bei etwas niedrigeren Temperaturen.

Schwieriger ist die Strukturgebung mit Steviosid-Extrakt, denn sein Volumen ist deutlich kleiner als das von Zucker. Es ist weniger Masse vorhanden, um das Eigelbnetz zu verstärken. Damit der Kuchen trotzdem schön locker wird, müssen die Eier bzw. Eigelbe mit den Quirlen des Handrührgeräts umso gründlicher und am besten im warmen (nicht heißen, sonst wird der Teig nach Zugabe des Mehls klumpig!) Wasserbad mind. 5 Min. dick-cremig aufgeschlagen werden. Kommt Eischnee dazu, sollte er immer ganz steif und glänzend sein. Idealerweise arbeiten Sie mit einer Küchenmaschine: Dann erhalten Sie eine besonders stabile Masse.

WELCHES STEVIA-PRODUKT WOFÜR?

Die verschiedenen Stevia-Erzeugnisse auf dem Markt unterscheiden sich hinsichtlich ihrer Süßkraft und Einsatzmöglichkeit für unterschiedliche Teige. Sowohl Backzeit als auch Teigart beeinflussen die Entfaltung der Süßkraft im Gebäck. Wir haben für die meisten Rezepte mit **Rühr-, Mürbe-, Hefe oder Brandteig** Steviosid-Extraktpulver (mit etwa 300-facher Süßkraft) verwendet.

Zu empfehlen ist dabei fast immer das Auflösen des Extraktpulvers in den Flüssigkeiten, die zum Teig zugegeben werden, beispielsweise in Wasser oder Milch. Es entfaltet dann auch bei kurzen Backzeiten gut seine Süßkraft. Nur beim Mürbeteig, der von Haus aus wenig Flüssigkeit enthält, wird der Steviosid-Extrakt gleich zu Beginn gründlich mit der Butter verrührt.

STEVIA-MISCHPRODUKTE FÜR SPEZIALFÄLLE

Nur da, wo Spezialzucker nötig oder die Teigführung wie bei **Biskuit** anders nicht möglich ist, greifen wir auf ein Stevia-Mischprodukt wie Flüssigextrakt (bei den Muffins) oder Granulat zurück. Die Frage nach einem kalorienarmen Zuckerersatz umgehen Sie ohnehin bei **Blätter- und Strudelteig**. Gut geeignet ist Stevia auch für **Fruchtcremes**, allerdings sollten die Obstsorten hier schon von Haus aus relativ süß sein (z.B. süße Birnen). Saure Sorten wie Rhabarber oder Quitten dagegen müssen stark nachgesüßt werden. Dann lässt die größere Stevia-Menge das Gebäck schnell lakritzartig schmecken.

UND DIE ANDEREN ZUTATEN?

Da in einem Teig immer alle Zutaten zusammenwirken, kann es hilfreich sein, beim Einsatz von Stevia auch andere Zutaten auszutauschen.

Aus diesem Grund haben wir beispielsweise bei manchen Rezepten **Joghurtbutter** statt Butter oder Margarine verwendet. Sie ist fettärmer und rückt damit das Mengenverhältnis von Fett und Zucker wieder zurecht. Sonst wäre der Teig »zu fettig« und beim Backen würden sich Fettblasen bilden. Die **Eier** dienen im Teig als Lockerungs- und Strukturmittel, zu viele Eier machen ein Gebäck allerdings trocken. Für alle Rezepte nehmen wir Eier der Größe M mit einem mittleren Gewicht von 55 – 65 g. Sollten Sie kleinere Eier verwenden, die Gewichtsdifferenz bitte ausgleichen – am besten wiegen Sie dazu die Eier (mit Schale). Und ganz wichtig: Die Eier sollten immer zimmerwarm sein, sonst wird der Teig grießelig.

Das **Mehl** ist die Grundzutat für das Porengerüst. Wenn nichts genauer dazugeschrieben ist, handelt es sich um das übliche Weizenmehl (Type 405). Bei manchen Teigen bietet sich Type 550 an, es ist griffiger und universeller einsetzbar. Weizenmehl mit Type 1050, das typische Brotmehl, enthält fast dreimal mehr Mineralstoffe als Type 405 und ist damit vollwertiger. Vollkornmehl enthält alle Anteile des Getreidekorns, benötigt beim Backen aber mehr Flüssigkeit als Type 405.

Wichtig: Nicht nur für das Backen mit Haushaltszucker gilt, dass alle Zutaten Zimmertemperatur haben sollten. Nur so können sich die Zutaten optimal zu einem geschmeidigen Teig verbinden.

DIE RICHTIGE HITZE

Empfindliche Kuchen wie Biskuitböden und solche mit großen Quarkmengen geraten bei Ober-/Unterhitze am besten. Durch die Strahlungswärme lässt sich eine bessere Teigstruktur erzielen als mit Umluft. Wenn Sie Ihre Kuchen mit Umluft backen möchten, sollten Sie die Backtemperatur um etwa 30 – 40° niedriger wählen als für Ober-/Unterhitze angegeben. Wichtig ist auch die Einschubhöhe: Am besten gelingt Gebäck mit Stevia auf der zweiten Schiene von unten bzw. so, dass das Gebäck in der Mitte des Ofenraums platziert ist.

Je nach Wassergehalt des Teiges darf die Backtemperatur aber auch nicht zu niedrig sein, sonst bildet sich eine zu dicke Kruste (z.B. bei Biskuit). Bei zu hohen Temperaturen wiederum bleibt der Kuchen innen zu feucht, wird außen aber zu hart und fest (z.B. bei Rührkuchen).

Testen Sie am besten am Ende der Backzeit mit einem Holzstäbchen, ob der Kuchen ausreichend gebacken ist – die sogenannte Stäbchenprobe. Bleibt noch etwas Teig am Stäbchen kleben, den Kuchen noch weiterbacken – solange, bis kein Teig mehr haften bleibt. Ist der Kuchen noch nicht fertig, wird aber oben schon dunkel, können Sie ihn für die restliche Backzeit einfach mit einem Stück Backpapier oder Alufolie abdecken.

RÜHRTEIG

5 Eier | 3 EL Saft und abgeriebene Schale von 1 Bio-Zitrone | Salz | 0,9 g Steviosid-Extrakt |
1 Msp. Vanillepulver | 200 g weiche Joghurtbutter | ½ Pck. Backpulver | 400 g Mehl | etwas Milch

Für 1 Kastenform von 28 cm oder 1 Guglhupfform von 2 l (15 Stücke) | 30 Min. Zubereitung |
50 Min. Backen | Pro Stück ca. 230 kcal, 6 g EW, 12 g F, 24 g KH

1 Den Ofen auf 180° vorheizen. Die Kasten- bzw. die Guglhupfform mithilfe eines Pinsels mit wenig Butter gründlich einfetten. Die zimmerwarmen Eier trennen.

2 Die Eiweiße mit dem Zitronensaft und 1 Prise Salz mit den Quirlen des Handrührgeräts gründlich steif schlagen, bis ein glänzender Eischnee entstanden ist.

3 Eigelbe, Steviosid-Extrakt, Zitronenschale, Vanillepulver und Butter im warmen (!) Wasserbad mind. 5 Min. gut schaumig schlagen, bis sich Spitzen bilden.

4 Das Backpulver mit dem Mehl sieben und nach und nach unterheben. Sollte der Teig zu zäh und krümelig sein, etwas Milch oder Mineralwasser dazugeben.

5 Zum Schluss den steifen Eischnee vorsichtig mit einem Schneebesen unter den Teig ziehen und den Teig in die vorbereitete Form füllen.

6 Den Kuchen im Ofen (Mitte) in ca. 50 Min. goldbraun backen. Wenn er fertig ist (Stäbchenprobe), aus dem Ofen holen und vollständig abkühlen lassen.

BISKUITTEIG

**4 Eier | 3 – 4 EL Saft und abgeriebene Schale von 1 Bio-Zitrone | Salz | 120 g Steevia® Groovia |
1 Msp. Vanillepulver | 120 g Mehl | 60 g Speisestärke | 1 Msp. Backpulver | Fett für die Form**

Für 1 Springform von 26 cm ∅ (12 Stücke) | 20 Min. Zubereitung | 30 Min. Backen |
Pro Stück ca. 85 kcal, 4 g EW, 3 g F, 11 g KH

1 Den Ofen auf 170° vorheizen. Die Springform gründlich einfetten oder nur den Boden (!) mit Backpapier auslegen. Die zimmerwarmen Eier trennen.

2 Die Eiweiße mit Zitronensaft und -schale sowie 1 Prise Salz sehr (!) steif schlagen. Der Eischnee soll zum Schluss so fest sein, dass er Spitzen zieht.

3 Die Eigelbe mit 4 EL warmem Wasser im warmen (!) Wasserbad sehr schaumig schlagen und dabei nach und nach Stevia-Granulat und Vanille dazugeben.

4 Den Eischnee mit einem Teigspatel auf die Eigelbmasse geben. Das Mehl mit Stärke und Backpulver mischen und direkt über den Eischnee sieben.

5 Den Eischnee und die Mehlmischung mit der Stärke mit einem Schneebesen locker und vorsichtig unter die Eigelbmasse heben (Nicht zu stark rühren!).

6 Die Biskuitmasse in die vorbereitete Form füllen und im Ofen (Mitte) in 25 – 30 Min. goldbraun backen. Herausnehmen und abkühlen lassen.

MÜRBETEIG

125 g weiche Joghurtbutter | 0,3 g Steviosid-Extrakt | 1 Ei | 1 TL abgeriebene Bio-Zitronenschale |
250 g Mehl | Salz | 250 g getrocknete Erbsen | Fett für die Form | Mehl zum Arbeiten

Für 1 Springform von 26 cm ⌀ (12 Stücke) | 30 Min. Zubereitung | 20 Min. Backen |
Pro Stück ca. 150 kcal, 3 g EW, 9 g F, 16 g KH

1 Den Ofen auf 170° vorheizen, die Springform mit wenig Joghurt-butter gründlich einfetten oder alternativ mit Backpapier voll-ständig auslegen.

2 Butter, Steviosid-Extrakt, Ei und Zitronenschale zuerst mit den Quirlen des Handrührgeräts schaumig rühren, sodass sich der Steviosid-Extrakt gut verteilt.

3 Anschließend das Mehl und 1 Prise Salz zur Butter-Ei-Masse geben und alle Zutaten kurz mit den Knethaken des Handrühr-geräts durcharbeiten.

4 Den Teig auf der bemehlten Arbeitsfläche mit den Händen zu einer Kugel formen, in Frisch-haltefolie einwickeln und mind. 10 Min. kühl stellen.

5 Teig auf wenig Mehl ca. ½ cm dick ausrollen, einen Boden aus-schneiden und in die Form legen. Aus den Teigresten einen Rand formen und andrücken.

6 Zum »Blindbacken« die Erbsen auf den Teig geben und den Bo-den im Ofen (Mitte) 15 – 20 Min. vorbacken. Wie im jeweiligen Re-zept beschrieben fertigstellen.

HEFETEIG

0,3 g Steviosid-Extrakt | 1 TL Honig | ¼ l Milch (1,5 %) | 1 Würfel Hefe (42 g) | 500 g Mehl (Type 550) | 1–2 TL abgeriebene Bio-Zitronenschale | Salz | 1 Msp. Vanillepulver | 2 Eier | 80 g weiche Butter

Für 1 Zopf oder 1 Backblech | 30 Min. Zubereitung | 20 Min. (Zopf) bzw. 40 Min. (Blech) Backen | 50 Min. Gehen | Pro Stück ca. 225 kcal, 7 g EW, 8 g F, 31 g KH

1 Steviosid-Extrakt und Honig in 100 ml lauwarmer Milch auflösen. Hefe zerbröckeln und darin auflösen. Zugedeckt an einem warmen Ort ca. 5 Min. gehen lassen.

2 Mehl, Zitronenschale, 1 Prise Salz und Vanillepulver mischen. Zimmerwarme Eier, Butter und Hefemischung dazugeben und alles gründlich durchkneten.

3 Nach und nach die restliche lauwarme Milch dazugeben. Den Hefeteig solange weiterkneten, bis er sich vom Schüsselrand löst und geschmeidig glatt glänzt.

4 Teig zugedeckt ca. 45 Min. gehen lassen, bis er sein Volumen verdoppelt hat. Auf wenig Mehl kurz durchkneten und zugedeckt »entspannen« lassen.

5 Den Ofen auf 175° vorheizen. Den Teig wie beschrieben formen (siehe S. 28), dann nochmals ca. 20 Min. gehen lassen und wie beschrieben backen.

TIPP

Da die Hefezellen besonders gerne Glukose vergären, sollten Sie für einen schnellen Hefeteig dieses Grundrezept mit Honig verwenden. Anstelle von Honig nehmen wir auch Reissirup oder Zucker. Wer Zucker komplett meiden will, kann den Vorteig ohne Honig ansetzen – er geht dann nur etwas länger.

KUCHEN FÜR JEDEN TAG

»Backe, backe, Kuchen, der Bäcker hat gerufen. Wer will guten Kuchen backen, der muss haben sieben Sachen ...« Es hat etwas gedauert und forderte zu Beginn viel Geduld, da uns die Eigenschaften einer der sieben klassischen Hauptzutaten fehlen – aber es hat sich gelohnt und jetzt schmeckt's fein!

KÄSEKUCHEN

Das ist einer unserer Lieblingskuchen – am besten schmeckt er nach ein bis zwei Tagen, wenn er sein volles Aroma entfaltet hat und besonders saftig ist.

Für den Teig:
125 g Joghurtbutter
0,6 g Steviosid-Extrakt
etwas abgeriebene
Bio-Zitronenschale
1 Ei oder 2 Eigelb
250 g Mehl | 1 Prise Salz
Fett für die Form
Mehl zum Arbeiten
Für die Füllung:
8 Eier
2 – 3 EL Zitronensaft
Salz
200 g Sahne
750 g Magerquark
1 Pck. Vanille-Puddingpulver
oder 35 g Speisestärke
25 g Daforto Stevia Plus (oder
1 EL Zucker + 0,9 g Steviosid-
Extrakt)

Bleibt lange saftig

Für 1 Springform
von 26 cm ⌀ (16 Stücke) |
50 Min. Zubereitung |
1 Std. 20 Min. Backen |
30 Min. Ruhen
Pro Stück ca. 230 kcal,
12 g EW, 14 g F, 15 g KH

1 Den Ofen auf 170° vorheizen, die Springform einfetten oder mit Backpapier auslegen. Aus den Teigzutate nach dem Grundrezept (siehe S. 12) einen Mürbeteig zubereiten, wie beschrieben ausrollen und die Form damit auskleiden.

2 Für die Füllung die Eier trennen und die Eiweiße mit Zitronensaft und 1 Prise Salz steif schlagen. Die Sahne ebenfalls steif schlagen. Den Quark mit dem Puddingpulver glatt rühren und die Schlagsahne unterziehen. Die Eigelbe mit dem Stevia-Granulat im warmen (!) Wasserbad sehr schaumig rühren und vorsichtig unter die Sahne-Quark-Masse ziehen. Zum Schluss den Eischnee locker unterheben. Die Masse auf dem Mürbeteigboden verteilen.

3 Den Kuchen im Ofen (Mitte) in 1 Std. 10 – 20 Min. goldgelb backen und evtl. nach zwei Drittel der Backzeit mit Alufolie abdecken (oder zum Schutz auf der ersten Schiene von oben ein Backblech einschieben). Nach Ende der Backzeit den Kuchen noch ca. 30 Min. bei geöffneter Ofentür abkühlen lassen, erst dann aus dem Ofen nehmen und vollständig abkühlen lassen.

VARIANTE MIT KIRSCHEN

Für eine fruchtige Note lässt sich dieser Klassiker im Sommer mit entsteinten frischen Kirschen, im Winter mit TK-Kirschen verfeinern. Sie benötigen ungefähr 300 g Kirschen – einfach unter die Quarkcreme ziehen oder auf dem Kuchenboden verteilen, bevor die Quarkcreme daraufkommt.

MARMORKUCHEN

0,6 g Steviosid-Extrakt | 250 g weiche Butter | Salz | Mark von 1 Vanilleschote | 4 zimmerwarme Eier | 350 g Mehl | 1 Pck. Backpulver | 150 ml Milch (1,5 %) | 2 EL Kakaopulver (entölt)

Für den Kindergeburtstag

Für 1 Guglhupfform von 22 cm ⌀ (18 Stücke) | 30 Min. Zubereitung | 50 Min. Backen
Pro Stück ca. 195 kcal, 4 g EW, 13 g F, 15 g KH

1 Den Ofen auf 180° vorheizen, die Form einfetten. Das Steviosid-Extrakt in 1 EL heißem Wasser auflösen. Die Butter, 1 Prise Salz und das Vanillemark cremig rühren und das aufgelöste Steviosid-Extrakt dabei langsam dazulaufen lassen, gut unterrühren. Die Eier nacheinander einzeln in eine Tasse schlagen und jeweils gründlich unter die Buttermasse rühren. Das nächste Ei erst dazugeben, wenn das vorhergehende völlig verrührt ist.

2 Das Mehl mit dem Backpulver sieben und abwechselnd mit 100 ml Milch unter den Teig rühren. Zwei Drittel des Teiges in die Form füllen, den übrigen Teig mit dem gesiebten Kakao und der restlichen Milch verrühren. Den dunklen Teig in die Form geben und mit einer Gabel den hellen und den dunklen Teig etwas verrühren. Den Kuchen im Ofen (Mitte) ca. 50 Min. backen. Wenn er fertig ist (Stäbchenprobe, siehe Tipp), den Kuchen aus dem Ofen nehmen und abkühlen lassen.

TIPP

Wenn der Teig beim Backen oben dunkel wird, einfach den Kuchen mit Alufolie abdecken. Dann mithilfe eines Holzstäbchens prüfen, ob der Kuchen im Inneren schon durchgebacken ist: Haften keine Teigrückstände daran, ist der Kuchen fertig. Den Test nennt man Stäbchenprobe, wir empfehlen ihn für alle Rührteige.

OMAS SCHOKOKUCHEN

100 g Stevia-Schokolade Zartbitter | 6 zimmer-
warme Eier | 3 – 4 EL Saft und abgeriebene
Schale von 1 Bio-Zitrone | 1 Prise Salz |
25 g Daforto Stevia Plus (oder 1 EL Zucker +
0,9 g Steviosid-Extrakt) | 150 g weiche Joghurt-
butter | 1 EL Rum (nach Belieben) | 150 g Mehl |
Fett für die Form

Der gelingt immer

Für 1 Kastenform von 25 – 30 cm (15 Stücke) |
40 Min. Zubereitung | 50 Min. Backen
Pro Stück ca. 160 kcal, 4 g EW, 12 g F, 9 g KH

1 Ofen auf 170° vorheizen, die Form einfetten. Die
Schokolade mit einer Raspel fein reiben. Aus den
übrigen Zutaten bis auf das Mehl nach dem Grundrezept (siehe S. 10) einen Rührteig zubereiten. Zuletzt die geriebene Schokolade mit dem Mehl ge-
mischt unter die schaumig gerührte Masse heben.

2 Den Teig in die Form füllen und den Kuchen
im Ofen (Mitte) in ca. 50 Min. goldbraun backen.
Wenn er fertig ist (Stäbchenprobe), den Kuchen
aus dem Ofen nehmen und abkühlen lassen.

TIPP

Wir bereiten Rührteig auch gerne mit ganzen
Eiern zu: Zuerst den Steviosid-Extrakt in 1 EL
heißem Wasser auflösen und mit der weichen
Butter gut mit den Schneebesen des Handrührgeräts aufschlagen. Die Eier einzeln in eine
Tasse schlagen und nacheinander gründlich (!)
unter den Teig rühren, bis eine weiße Schaum-
masse entstanden ist. Falls die Eier zu kalt
sind, kann die Masse grießelig werden. Dann
die Schüssel in ein warmes Wasserbad stellen
und rühren, bis die Masse glatt ist. Zum
Schluss Mehl und restliche Zutaten dazugeben
und den Kuchen wie beschrieben fertigstellen.

BISKUITROLLE MIT SCHOKOCREME

Für uns ist Schokolade und Sahne die perfekte Verbindung und Genuss pur!
Da bleibt es meistens nicht bei einem Stück ...

Für den Teig:
4 zimmerwarme Eier
3 – 4 EL Saft und abgeriebene
Schale von 1 Bio-Zitrone
Salz
1 Msp. Vanillepulver
85 g Steevia® Groovia (oder
1 EL Zucker + 0,4 g Steviosid-
Extrakt)
120 g Mehl (oder je 60 g Mehl
und Speisestärke)
Für die Füllung:
100 g Stevia-Schokolade
Zartbitter
3 Blatt Gelatine
2 EL Rum (ersatzweise 30 ml
starker Espresso)
100 g Sahne
3 Eier
Salz
0,1 g Steviosid-Extrakt
Mark von 1 Vanilleschote
je ca. 1 gestr. TL Kakaopulver
und Natura Stevia Plus zum
Bestäuben

Einfach gut!

Für 1 Backblech 35 × 45 cm
(16 Stücke) |
1 Std. Zubereitung |
12 Min. Backen |
2 Std. Kühlen
Pro Stück ca. 110 kcal,
5 g EW, 7 g F, 8 g KH

1 Den Ofen auf 200° vorheizen, das Blech mit Backpapier auslegen. Für den Teig die Eier mit Zitronensaft und -schale, 1 Prise Salz und Vanillepulver im warmen (!) Wasserbad schaumig aufschlagen. Nach und nach das Stevia-Granulat dazugeben und alles dick-cremig schlagen. Das Mehl sieben und portionsweise mit einem Schneebesen locker unter die Eimasse heben (nicht rühren!). Den Teig gleichmäßig auf das Blech verteilen und den Biskuit im Ofen (Mitte) in 10 – 12 Min. nicht zu dunkel backen.

2 Den fertigen Biskuit herausnehmen und auf ein Küchentuch stürzen. Das Backpapier vorsichtig abziehen (ggf. vorher etwas anfeuchten). Den Biskuit von der kurzen Seite her einmal aufrollen und wieder entrollen, den Vorgang zwei- bis dreimal wiederholen.

3 Für die Füllung die Schokolade in Stücke brechen und im heißen Wasserbad schmelzen. Die Gelatine in wenig kaltem Wasser ca. 5 Min. einweichen. Den Rum erwärmen und die Gelatine darin auflösen. Die Sahne steif schlagen. Die Eier trennen, die Eiweiße mit 1 Prise Salz ebenfalls steif schlagen.

4 Die Eigelbe mit Steviosid-Extrakt, Vanillemark und Rumgelatine schaumig schlagen. Die geschmolzene Schokolade unterrühren. Nacheinander die Schlagsahne und den Eischnee unterheben. Die Schokocreme ca. 30 Min. kühl stellen. Den Biskuit ca. 1 cm dick mit der Creme bestreichen und mithilfe des Küchentuchs aufrollen. Die Biskuitrolle auf die Nahtseite legen und ca. 2 Std. kühl stellen. Zum Servieren Kakao und Natura Stevia Plus vermischen und die Biskuitrolle damit bestäuben.

VARIANTEN FÜR DIE FÜLLUNG

Sie können den Biskuitteig anstelle der Schokoladencreme auch nach Belieben mit Konfitüre oder Schlagsahne mit Früchten füllen. Zum Servieren die Biskuitrolle dann einfach nur mit Natura Stevia Plus bestäuben.

KÄSESAHNETORTE

4 zimmerwarme Eier | 3 – 4 EL Saft und abgeriebene Schale von 1 Bio-Zitrone | Salz | 140 g Stevia® Groovia (oder 1 EL Zucker + 0,6 g Steviosid-Extrakt) | 1 Msp. Vanillepulver | 180 g Mehl | 1 Msp. Backpulver | 8 Blatt weiße Gelatine | ¼ l Milch (1,5 %) | 1 TL abgeriebene Bio-Zitronenschale | 0,6 g Steviosid-Extrakt | 4 zimmerwarme Eigelb | 200 g Sahne | 500 g Magerquark | 150 – 200 g Naturjoghurt (1,5 %) | Natura Stevia Plus zum Bestäuben | Fett für die Form

Beeindruckt Gäste

Für 1 Springform von 26 cm ⌀ (12 Stücke) |
1 Std. Zubereitung | 30 Min. Backen |
6 Std. Kühlen
Pro Stück ca. 215 kcal, 13 g EW, 11 g F, 15 g KH

1 Den Ofen auf 170° vorheizen, Form einfetten. Für den Teig Eier trennen, die Eiweiße mit Zitronensaft und -schale sowie 1 Prise Salz steif schlagen. Die Eigelbe mit 4 EL warmem (!) Wasser sehr schaumig schlagen. Stevia-Granulat und Vanille dazugeben, alles im warmen Wasserbad dick-cremig schlagen. Den Eischnee auf die Eigelbmasse geben und das Mehl mit Backpulver darübersieben. Alles mit einem Schneebesen unterheben (nicht rühren!) und gleichmäßig in der Form verteilen. Im Ofen (Mitte) in 25 – 30 Min. nicht zu dunkel backen. Herausnehmen und ca. 2 Std. abkühlen lassen. Anschließend horizontal durchschneiden.

2 Inzwischen für die Füllung die Gelatine in kaltem Wasser einweichen. Die Milch mit Zitronenschale, 1 Prise Salz, Steviosid-Extrakt und Eigelben unter Rühren kurz aufkochen. Vom Herd nehmen und etwas abkühlen lassen. Die Gelatine ausdrücken, unter Rühren in der warmen Milch auflösen. Die Milch ca. 20 Min. kühl stellen, bis sie zu gelieren beginnt. Inzwischen die Sahne steif schlagen und den Quark mit dem Joghurt mischen.

3 Den unteren Boden mit einem Tortenring umschließen. Wenn die Milch zu gelieren beginnt, die Quarkmasse und die Schlagsahne unterheben und die Sahnemasse auf dem Boden verteilen. Den Teigdeckel darauflegen und die Torte ca. 6 Std. kühl stellen. Zum Servieren die Käsesahnetorte oben mit Stevia-Granulat bestäuben.

SCHNELLER QUARKKUCHEN

80 g Rosinen | 2 Eier | abgeriebene Schale von 1 Bio-Zitrone | Saft von ½ Zitrone | 0,3 g Steviosid-Extrakt | 500 g Magerquark | 40 g gehackte Mandeln | 80 g Schmelzflocken | 30 g Speisestärke | 2 gestr. TL Backpulver | ¾ gestr. TL Natron | Fett für die Form

Alltagsliebling

Für 1 Springform von 26 cm ⌀ (12 Stücke) | 20 Min. Zubereitung | 25 Min. Backen
Pro Stück ca. 120 kcal, 8 g EW, 4 g F, 12 g KH

1 Ofen auf 175° vorheizen, Form einfetten oder mit Backpapier auslegen. Rosinen heiß waschen und abtropfen lassen, beiseitestellen. Eier, Zitronenschale und -saft mit den Quirlen des Handrührgeräts sehr (!) schaumig schlagen. Das Steviosid-Extrakt dazugeben und gründlich untermischen.

2 Quark, Mandeln, Schmelzflocken und Stärke unterheben. Rosinen, Backpulver und Natron hinzufügen und alles gut verrühren. Teig in die Form füllen, Kuchen im Ofen (Mitte) ca. 25 Min. backen. Herausnehmen und abkühlen lassen.

BUTTERMILCHWAFFELN

125 g weiche Butter | 5 g Daforto Stevia Plus | 1 Msp. Vanillepulver | Salz | 4 zimmerwarme Eier | 250 g Mehl | 1 gestr. TL Backpulver | ⅛ – ¼ l Buttermilch | Öl für das Waffeleisen

Frisch am besten

Für ca. 12 Waffeln | 15 Min. Zubereitung | 50 – 60 Min. Backen
Pro Stück ca. 200 kcal, 5 g EW, 13 g F, 16 g KH

1 Butter, Stevia-Granulat, Vanille und 1 Prise Salz mit den Eiern sehr (!) schaumig rühren. Mehl und Backpulver sieben und löffelweise abwechselnd mit der Buttermilch unterrühren. So viel Buttermilch dazugeben, dass ein flüssiger Teig entsteht.

2 Das Waffeleisen vorheizen und die Backflächen einfetten. 1 kleinen Schöpflöffel Teig in die Mitte der unteren Backfläche geben und das Waffeleisen schließen. Die Waffel in 4 – 6 Min. goldgelb backen, auf ein Kuchengitter legen und abkühlen lassen. Mit dem restlichen Teig ebenso verfahren. Die Waffeln nach Belieben mit Stevia-Konfitüre, Schlagsahne oder auch Früchten servieren.

DONAUWELLEN

Wohl einer der beliebtesten Klassiker, aber kalorienmäßig kein Leichtgewicht.
Mit Stevia können wir ihn aber ein bisschen »erleichtern«.

Für den Teig:
1 Glas Sauerkirschen
(Abtropfgewicht 350 g)
8 zimmerwarme Eier
3 – 4 EL Saft und abgeriebene
Schale von 1 Bio-Zitrone
1 Prise Salz
25 g Daforto Stevia Plus
1 Msp. Vanillepulver
250 g weiche Joghurtbutter
2 gestr. TL Backpulver
300 g Mehl
1 EL Kakaopulver (stark entölt)
Für den Belag:
60 g Speisestärke
¾ l Milch (1,5 %)
2 Msp. Vanillepulver
0,6 g Steviosid-Extrakt
175 g weiche Joghurtbutter
180 g Stevia-Schokoglasur
200 g Sahne

Echter Klassiker

Für 1 Blech oder Backrahmen
von 35 × 35 cm (24 Stücke) |
1 Std. Zubereitung |
35 Min. Backen | 2 Std. Kühlen
Pro Stück ca. 270 kcal,
6 g EW, 20 g F, 17 g KH

1 Für den Belag die Stärke mit ⅛ l Milch, dem Vanillepulver und Steviosid-Extrakt in einer Schüssel glatt rühren. Restliche Milch zum Kochen bringen, die angerührte Stärke in die heiße Milch geben und alles unter Rühren einmal aufkochen lassen. Den Pudding ggf. in eine Schüssel füllen und mit Frischhaltefolie abgedeckt (so bildet sich keine Haut) ca. 1 Std. kühl stellen (Bild 1).

2 Inzwischen für den Teig den Ofen auf 170° vorheizen, das Blech mit Backpapier auslegen. Die Kirschen in einem Sieb abtropfen lassen. Aus den restlichen Teigzutaten (außer dem Kakao) nach dem Grundrezept (siehe S. 10) einen Rührteig zubereiten. Die Hälfte des Teiges gleichmäßig auf dem Backblech verteilen.

3 Kakao sieben und locker unter die zweite Teighälfte mischen. Dann den dunklen Teig auf dem hellen verteilen und glatt streichen (Bild 2). Die Kirschen gleichmäßig auf dem Teig verteilen und leicht eindrücken. Den Kuchen im Ofen (Mitte) in 30 – 35 Min. goldbraun backen. Wenn er fertig ist (Stäbchenprobe), den Kuchen aus dem Ofen nehmen und abkühlen lassen.

4 Für den Belag die Butter schaumig rühren und die abgekühlte Puddingmasse nach und nach dazugeben. Den abgekühlten Teig mit der Creme bestreichen. Für den Guss die Glasur klein hacken, die Sahne erhitzen und die Glasur darin auflösen. Den Kuchen mit dem Schokoguss überziehen, dabei nach Belieben mit einem Garnierkamm Wellen ziehen (Bild 3). Dann nochmals ca. 1 Std. kühl stellen. Zum Servieren in quadratische Stücke schneiden.

TIROLER NUSSKUCHEN

200 g Stevia-Schokolade Zartbitter | 6 zimmerwarme Eier | 3 – 4 EL Saft und abgeriebene Schale von 1 Bio-Zitrone | Salz | 200 g weiche Joghurtbutter | 0,6 g Steviosid-Extrakt | 200 g gemahlene Haselnüsse | 1 TL Zimt | 125 g Mehl (Type 550) | ½ Pck. Backpulver | Fett für die Form

Von Kindern heiß geliebt

Für 1 Guglhupfform von 22 cm ⌀ (18 Stücke) | 45 Min. Zubereitung | 1 Std. 10 Min. Backen
Pro Stück ca. 245 kcal, 5 g EW, 21 g F, 9 g KH

1 Den Ofen auf 170° vorheizen, die Form einfetten. Die Schokolade mit einer Handraspel fein reiben und beiseitestellen. Die Eier in einer Schüssel mit Zitronensaft und -schale, 1 Prise Salz, Butter und Steviosid-Extrakt mit den Quirlen des Handrührgeräts sehr (!) schaumig schlagen.

2 Haselnüsse mit Zimt, Mehl, Backpulver und Schokolade mischen und portionsweise unter die Butter-Eier-Masse heben. Dann den Teig in die Guglhupfform füllen und den Kuchen im Ofen (Mitte) ca. 1 Std. 10 Min. backen. Wenn er fertig ist (Stäbchenprobe), den Kuchen aus dem Ofen nehmen und auf einem Gitter abkühlen lassen.

TIPP

Da Gebäck mit Stevia schnell austrocknet und sich nicht lange aufbewahren lässt, frieren wir überzählige Kuchenstücke einfach ein. Dazu verpacken wir den (nur noch leicht warmen) Kuchen luftdicht in einen Gefrierbeutel, lassen ihn vollständig abkühlen und legen ihn ins Tiefkühlfach. Später taut der Kuchen einfach wieder im Beutel auf. So kann er die beim Abkühlen kondensierte Feuchtigkeit wieder aufnehmen und bleibt schön saftig.

RÜBLITORTE

250 g Möhren | 50 g Mandelblättchen |
5 Eiweiß | 3 – 4 EL Saft und abgeriebene Schale
von 1 Bio-Zitrone | Salz | 7 zimmerwarme Ei-
gelb | 25 g Daforto Stevia Plus (oder 1 EL Zucker
+ 0,9 g Steviosid-Extrakt) | 1 Msp. Zimt |
1 Msp. Nelkenpulver | 2 cl Kirschwasser (nach
Belieben) | je 100 g gemahlene Mandeln und
Haselnüsse | 50 g Semmelbrösel | 50 g Mehl |
1 gestr. TL Backpulver | 4 EL Kirschkonfitüre |
Fett für die Form

Schweizer Spezialität

Für 1 Springform von 26 cm ∅ (12 Stücke) |
1 Std. Zubereitung | 45 Min. Backen
Pro Stück ca. 225 kcal, 8 g EW, 16 g F, 11 g KH

1 Den Ofen auf 180° vorheizen, die Springform
einfetten oder mit Backpapier auslegen. Die Möhren schälen und mit der Rohkostreibe fein reiben.

Die Mandelblättchen in einer Pfanne ohne Fett
kurz rösten, herausnehmen und beiseitestellen.

2 Die Eiweiße mit Zitronensaft und 1 Prise Salz
steif schlagen, beiseitestellen. Die Eigelbe mit Stevia-Granulat, Zitronenschale, Zimt, Nelkenpulver
und Kirschwasser (nach Belieben) im warmen (!)
Wasserbad solange schlagen, bis die Masse dick-
cremig ist. Möhren, Mandeln, Nüsse, Semmelbrö-
sel, Mehl und Backpulver nach und nach mit der
Eigelbmasse verrühren.

3 Zum Schluss den Eischnee vorsichtig mit einem
Schneebesen unterheben und den Teig in die Form
füllen. Die Rüblitorte im Ofen (Mitte) ca. 45 Min.
backen. Herausnehmen und abkühlen lassen. Die
Kirschkonfitüre erhitzen, bis sie flüssig wird. Den
Tortenrand damit bestreichen und mit den gerös-
ten Mandelblättchen bestreuen.

SCHWÄBISCHER ZOPF

Im Süddeutschen gehört oft ein Nusszopf zum Kaffee am Nachmittag.
Wir lieben auch die Mohnvariante: Sensationell lecker!

Für den Teig:
0,3 g Steviosid-Extrakt
1 TL Honig oder Reissirup
¼ l lauwarme Milch (1,5 %)
1 Würfel Hefe (42 g)
500 g Mehl (Type 550)
abgeriebene Bio-Zitronen-
schale
1 Prise Salz
1 Msp. Vanillepulver
1–2 zimmerwarme Eier
80 g weiche Butter
Mehl zum Arbeiten
Für die Füllungen:
je 125 g gemahlene Hasel-
nüsse und Mohnsamen
0,6 g Steviosid-Extrakt
etwas abgeriebene Bio-
Zitronenschale
Salz
200–290 ml Milch (1,5 %)
100–125 g Aprikosenkonfitüre
mit Stevia

Gleich doppelt gut

Für 2 Hefezöpfe (je 16 Stücke) |
40 Min. Zubereitung |
50 Min. Backen | 1 Std. Gehen
Pro Stück ca. 275 kcal,
8 g EW, 14 g F, 28 g KH

1 Aus den Teigzutaten nach dem Grundrezept (siehe S. 13) einen Hefeteig zubereiten und diesen zugedeckt bei Zimmertemperatur an einem warmen Ort ca. 45 Min. gehen lassen.

2 Währenddessen für die Füllungen nacheinander die Nüsse und den Mohn jeweils in einer beschichteten Pfanne ohne Fett unter Rühren rösten, bis es zu duften beginnt. Jeweils 0,3 g Steviosid-Extrakt, etwas Zitronenschale und 1 Prise Salz dazugeben. Alles mit etwas Milch (75–100 ml für die Nüsse, 125–190 ml für den Mohn) ablöschen und kurz aufkochen. Dabei so viel Milch dazugeben, dass eine streichbare Masse entsteht. Abkühlen lassen, danach ggf. nochmals mit etwas Milch verdünnen.

3 Inzwischen den Ofen auf 200° vorheizen, ein Backblech mit Backpapier auslegen. Den Hefeteig auf der bemehlten Arbeitsfläche kurz durchkneten und vor der weiteren Verarbeitung mit einem Küchentuch abgedeckt »entspannen« lassen.

4 Den Teig in zwei Stücke von je ca. 450 g teilen und jeweils auf wenig Mehl zu einem Rechteck von ca. 30 × 50 cm Größe ausrollen. Je 1 Platte mit Nuss- und Mohnfüllung bestreichen, von der breiten Seite her aufrollen und auf die Naht legen. Die Rollen mit einem scharfen Messer in der Mitte der Länge nach durchschneiden und beide Hälften jeweils locker miteinander verdrehen.

5 Die Hefezöpfe auf das Blech legen und zugedeckt nochmals ca. 5 Min. gehen lassen. Dann im Ofen (Mitte) in 40–50 Min. goldbraun backen. Inzwischen die Konfitüre leicht erwärmen, bis sie flüssig wird. Die fertigen Zöpfe herausnehmen, sofort mit der flüssigen Konfitüre bestreichen und abkühlen lassen.

MANDELHEFEZOPF

0,6 g Steviosid-Extrakt | 150 – 200 ml lauwarme Milch (1,5 %) | 1 Würfel Hefe (42 g) oder 2 Pck. Trockenhefe | 500 g Mehl (Type 1050) | 100 g Sahne | abgeriebene Schale von 1 Bio-Zitrone | ½ TL Salz | 1 zimmerwarmes Ei | 1 Eigelb zum Bestreichen | 4 EL Mandelblättchen zum Bestreuen | Mehl zum Arbeiten

Den mögen alle

Für 1 Zopf (25 Stücke) | 30 Min. Zubereitung | 25 Min. Backen | 1 Std. Gehen
Pro Stück ca. 100 kcal, 4 g EW, 3 g F, 14 g KH

1 Aus den Teigzutaten nach dem Grundrezept (siehe S. 13) einen Hefeteig zubereiten, dabei die Sahne mit dem Ei dazugeben. So viel Milch zum Teig hinzufügen, dass er geschmeidig glänzt. Nochmals gut durchkneten und dann zugedeckt bei Zimmertemperatur ca. 40 Min. gehen lassen.

2 Den Ofen auf 175° (Umluft) vorheizen, ein Backblech mit Backpapier auslegen. Den gegangenen Hefeteig auf wenig Mehl kurz durchkneten und vor der weiteren Verarbeitung einen Moment zugedeckt »entspannen« lassen.

3 Den Hefeteig in drei gleiche Stücke teilen und jedes Stück auf wenig Mehl zu einem 20 – 25 cm langen Strang formen. Aus den drei Strängen einen Zopf flechten, diesen auf das Backblech setzen und nochmals zugedeckt ca. 20 Min. gehen lassen.

4 Eigelb in einer Tasse verquirlen. Den Hefezopf damit bestreichen, dann mit Mandelblättchen bestreuen. Im Ofen (Mitte) in ca. 25 Min. goldbraun backen, herausnehmen und abkühlen lassen.

FRÜHSTÜCKSBRÖTCHEN

0,3 g Steviosid-Extrakt | 1 TL Honig oder Reis-sirup (ersatzweise Zucker) | ¼ l lauwarme Milch (1,5 %) | 1 Würfel Hefe (42 g) | 500 g Mehl (Type 550) (oder 400 Dinkelvollkornmehl + 100 g Dinkelmehl, Type 630) | etwas abgerie-bene Bio-Zitronenschale | Salz | Vanillepulver | 1 zimmerwarmes Ei | 60 g Butter | 50 g Rosinen oder gehackte Walnüsse | 1 Ei zum Bestrei-chen | Mandelblättchen oder Ölsaaten zum Bestreuen | Mehl zum Arbeiten

Süßer Morgengruß

Für 8 – 10 Brötchen | 30 Min. Zubereitung | 25 Min. Backen | 25 Min. Gehen
Pro Stück ca. 270 kcal, 9 g EW, 8 g F, 41 g KH

1 Den Ofen auf 200° vorheizen, ein Backblech mit Backpapier auslegen. Nun nach dem Grundrezept (siehe S. 13) einen Hefeteig zubereiten, dabei die Rosinen oder die gehackten Walnüsse erst zum Schluss unterkneten. Dann den Hefeteig mit einem Küchentuch abgedeckt bei Zimmertemperatur ca. 10 Min. gehen lassen.

2 Den Teig in Stücke von ca. 100 g teilen. Daraus mit wenig Mehl Brötchen formen, auf das Blech setzen und zugedeckt ca. 15 Min. gehen lassen. Das Ei in einer Tasse verquirlen und die Brötchen damit bestreichen. Mit Mandelblättchen oder Öl-saaten bestreuen und im Ofen (Mitte) 20 – 25 Min. backen. Herausnehmen und abkühlen lassen.

TIPP

Sie können den Teig auch schon am Abend vor-her zubereiten und über Nacht im Kühlschrank »kalt« gehen lassen. Dafür nur die halbe Hefe-menge und eiskalte Milch verwenden und den Teig mit Frischhaltefolie sorgfältig abdecken.

QUARKSTOLLEN

Kein Weihnachten ohne Stollen! Wir backen ihn immer schon einige Wochen
vor dem großen Fest, damit die Gewürze ihr volles Aroma entwickeln können.

2 zimmerwarme Eier
175 g weiche Butter
0,9 g Steviosid-Extrakt
3 – 4 EL Saft und abgeriebene
Schale von 1 Bio-Zitrone
2 EL Rum (nach Belieben)
250 g Quark (20 %)
500 g Mehl (Type 550)
1 ½ Pck. Backpulver
Salz
je 2 Msp. gemahlener
Kardamom, Muskatblüte
und Pomeranzenschale
je 1 Msp. gemahlener
Sternanis und Zimt
280 g Rosinen
50 g Orangeat
65 g Zitronat
100 g zerlassene Butter
2 gestr. EL Natura Stevia Plus
Fett für die Form
Mehl zum Arbeiten

Aromawunder

Für 1 Stollenform (25 Stücke) |
40 Min. Zubereitung |
1 Std. 10 Min. Backen
Pro Stück ca. 220 kcal,
4 g EW, 11 g F, 26 g KH

1 Den Ofen auf 200° vorheizen, ein Backblech mit Backpapier auslegen oder die Stollenform einfetten. Eier, Butter, Steviosid-Extrakt, Zitronensaft und -schale, Rum (nach Belieben) und Quark in einer Rührschüssel mit den Knethaken des Handrührgeräts mischen. Dann Mehl, Backpulver, 1 Prise Salz, Kardamom, Muskatblüte, Pomeranzenschale, Sternanis und Zimt unterkneten.

2 Die Rosinen in wenig Mehl wenden und mit Orangeat und Zitronat zum Teig geben. Den Teig auf der bemehlten Arbeitsfläche mit den Händen noch kurz durchkneten. Er darf nicht kleben, sonst ggf. kühl stellen. Anschließend den Teig zu einem ca. 35 cm langen Laib formen und der Länge mit dem Nudelholz nicht ganz mittig eine Vertiefung in den Laib drücken. Nun die schmälere Hälfte längs über die breitere Hälfte schlagen. Die Rosinen ggf. in den Stollenteig drücken, damit sie beim Backen nicht verbrennen.

3 Den Stollen auf das Backblech legen und im heißen Ofen (Mitte) ca. 1 Std. 10 Min. backen. Herausnehmen, noch lauwarm mit der zerlassenen Butter bestreichen und vollständig abkühlen lassen. Dann mit Natura Stevia Plus bestäuben und in Alufolie oder einem Stollenbeutel verpackt aufbewahren. Der Stollen sollte vor dem ersten Anschneiden ca. 3 – 4 Wochen durchziehen.

VARIANTE MANDELSTOLLEN
Dafür geben wir anstatt der Rosinen 200 g Mandelstifte mit dem Zitronat und Orangeat unter den Teig. Mit den Händen wie beschrieben weiter verarbeiten. Für ein besonderes Aroma nach dem Backen 4 Tropfen Mandelöl in die zerlassene Butter geben und den Teig damit bestreichen.

KUCHEN & TORTEN MIT OBST

Wir haben neue Kreationen aus »alten« Zutaten gezaubert, um so den zucker-
sparenden Effekt von Stevia mit aktuellem Ernährungswissen zu verbinden.
Stevia und Vollkorn ist beispielsweise eine ideale Kombination! Vor allem lässt sich
aber mit frischem Obst ein leckerer Genuss ohne Sünde zaubern.

JOHANNISBEERKUCHEN MIT GUSS

Ein Begleiter durchs ganz Jahr: Im Sommer verstecken wir Beeren oder Aprikosen, im Winter saftige Äpfel unter dem Guss.

Für den Teig:
125 g Joghurtbutter
0,3 g Steviosid-Extrakt
1 Ei oder 2 Eigelb
etwas abgeriebene
Bio-Zitronenschale
250 g Mehl
1 Prise Salz
Fett für die Form
Mehl zum Arbeiten
Für den Belag:
2 EL gemahlene Haselnüsse
500 g Rote Johannisbeeren
4 zimmerwarme Eier | Salz
3 – 4 EL Saft und abgeriebene
Schale von ½ Bio-Zitrone
70 mg Steevia® Groovia (oder
1 EL Zucker + 0,3 g Steviosid-
Extrakt)
125 g Naturjoghurt (1,5 %)
1 Pck. Vanille-Puddingpulver

Fruchtvergnügen

Für 1 Springform von 26 cm ⌀
(12 Stücke) |
1 Std. Zubereitung |
1 Std. 20 Min. Backen |
30 Min. Ruhen
Pro Stück ca. 215 kcal,
6 g EW, 12 g F, 20 g KH

1 Den Ofen auf 170° vorheizen, die Form fetten oder mit Back-papier auslegen. Aus den Teigzutaten nach dem Grundrezept (siehe S. 12) einen Mürbeteig zubereiten, diesen ruhen lassen, ausrollen und die Form damit auskleiden.

2 Den Boden mit den Haselnüssen bestreuen (Bild 1). Die Johan-nisbeeren waschen, die Beeren mit einer Gabel von den Rispen streifen und auf dem Boden verteilen (Sie können auch TK-Beeren verwenden, diese dann rechtzeitig auftauen).

3 Für den Guss die Eier trennen und die Eiweiße mit 1 Prise Salz und Zitronensaft sehr steif schlagen. Die Eigelbe, das Stevia-Gra-nulat und die Zitronenschale so lange schaumig schlagen, bis die Masse weiß-cremig ist. Dann den Naturjoghurt und das Pudding-pulver vorsichtig unter die Eigelbmasse heben (Bild 2).

4 Zum Schluss den steifen Eischnee unter die Eigelbmasse zie-hen und den Guss über die Beeren in die Form verteilen (Bild 3). Den Kuchen im Ofen (Mitte) 70 – 80 Min. backen, dabei evtl. nach zwei Drittel der Backzeit mit Alufolie abdecken oder ein Backblech auf der obersten Schiene einschieben. Den Kuchen nach dem Ba-cken noch ca. 30 Min. bei geöffneter Ofentür abkühlen lassen, erst dann aus dem Ofen nehmen und vollständig abkühlen lassen.

TIPP

Wir wechseln bei diesem Kuchen nicht nur das Obst, sondern nehmen für den Guss auch gerne gemahlene Mandeln statt Haselnüsse. Wer aufgrund einer Allergie keine Nüsse oder Mandeln essen darf, kann übrigens genauso gut Semmelbrö-sel für den Guss verwenden.

APRIKOSENVOLLKORNKUCHEN

10 Aprikosen oder 1 Dose Aprikosen (Abtropf-
gewicht 480 g) | 90 g Butter | 0,9 g Steviosid-
Extrakt | 100 ml Milch (3,8 %) | 4 zimmerwarme
Eier | 180 g Weizenvollkornmehl | 1 Msp. Zimt |
1 gestr. TL gemahlener Koriander |
1 gestr. TL Backpulver | 50 g Sesamsamen zum
Bestreuen und für die Form | Fett für die Form |
Natura Stevia Plus zum Bestäuben

Schnell gemacht

Für 1 Tarteform von 28 cm ⌀ (12 Stücke) |
30 Min. Zubereitung | 35 Min. Backen
Pro Stück ca. 195 kcal, 5 g EW, 12 g F, 17 g KH

1 Den Ofen auf 175° vorheizen, die Kuchenform
nur am Boden (!) einfetten und mit den Sesam-
samen ausstreuen. Die Aprikosen waschen, trocken tupfen, halbieren und den Kern entfernen
bzw. die Dosenaprikosen in ein Sieb abgießen und
gut abtropfen lassen. Die Butter, das Steviosid-
Extrakt und die Milch in einem kleinen Topf erwärmen, sodass sich die Butter in der Milch löst.

2 Die Eier in einer Rührschüssel mit den Quirlen
des Handrührgeräts sehr (!) schaumig schlagen.
Das lauwarme Milch-Butter-Gemisch hinzufügen
und alles gut mischen. Das Mehl mit Zimt, Korian-
der und Backpulver auf die Masse geben und zügig
unterrühren. Den Teig in die Springform füllen und
mit einem Löffel oder Teigschaber glatt streichen.

3 Die Aprikosenhälften nebeneinander dicht an
dicht auf dem Teig verteilen und mit etwas Sesam
bestreuen. Den Aprikosenkuchen im Ofen (Mitte)
in ca. 35 Min. goldgelb backen. Wenn er fertig ist
(Stäbchenprobe), aus dem Ofen nehmen und abkühlen lassen. Vor dem Servieren nach Belieben
mit Natura Stevia Plus bestäuben.

OBSTKUCHEN

8 zimmerwarme Eier | 2 EL Zitronensaft | Salz | 25 g Daforto Stevia Plus (oder 1 EL Zucker + 0,9 g Steviosid-Extrakt) | 2 EL Rum (nach Belieben) | 150 g zimmerwarmes Öl | 200 g Mehl | ½ gestr. TL Backpulver | evtl. etwas Mineralwasser | 5 EL Konfitüre (nach Belieben mit Stevia) | 1 kg Obst (z. B. Erdbeeren) | 2 Pck. Tortenguss | 0,3 g Steviosid-Extrakt

So saftig

Für 1 Blech von 35 × 40 cm (24 Stücke) | 40 Min. Zubereitung | 35 Min. Backen
Pro Stück ca. 135 kcal, 3 g EW, 9 g F, 11 g KH

1 Den Ofen auf 170° vorheizen, das Blech mit Backpapier auslegen. Die Eier trennen, Eiweiße mit Zitronensaft und 1 Prise Salz steif schlagen. Die Eigelbe sehr (!) schaumig rühren, nach und nach Stevia-Granulat dazugeben und alles dick-cremig schlagen. Sehr langsam Rum und Öl einfließen lassen, kurz weiterrühren. Mehl mit Backpulver sieben und unterheben. Ggf. etwas Mineralwasser dazugeben. Zuletzt den Eischnee unterheben.

2 Den Teig auf das Blech geben, im Ofen (Mitte) ca. 35 Min. backen. Herausnehmen und abkühlen lassen. Konfitüre aufkochen und auf dem Boden verstreichen. Obst putzen, waschen, ggf. zerkleinern und auf den Boden geben. Tortenguss nach Packungsanweisung mit Steviosid-Extrakt und 500 ml Wasser zubereiten, zügig auf den Früchten verteilen. Kuchen vor dem Servieren kühl stellen.

TIPP
Die halbe Teigmenge reicht für 1 Springform. Die gleiche Menge ohne Obstbelag ergibt als Guglhupf (ca. 2 l Inhalt) gebacken unseren leckeren Ölkuchen.

ZWETSCHGENSTREUSEL

Mit späten, süßen Zwetschgensorten ist dieser Streuselkuchen unschlagbar.
Wir genießen ihn am liebsten ganz frisch aus dem Ofen.

Für den Teig:
0,3 g Steviosid-Extrakt
1 TL Honig oder Reissirup
¼ l lauwarme Milch (1,5 %)
1 Würfel Hefe (42 g)
500 g Mehl (Type 550)
etwas abgeriebene Bio-
Zitronenschale
1 Prise Salz
Vanillepulver
1–2 Eier oder 2 Eigelb
80 g weiche Butter
Mehl zum Arbeiten
Für den Belag:
1½ kg Zwetschgen
100 g Butter
70 mg Steevia® Groovia
100 g Mehl
100 g gemahlene Mandeln
je 1 Msp. Backpulver und Zimt

Warm am besten

Für 1 Blech von 35 × 40 cm
(24 Stücke) |
50 Min. Zubereitung |
35 Min. Backen | 55 Min. Gehen
Pro Stück ca. 210 kcal,
5 g EW, 10 g F, 25 g KH

1 Aus den Teigzutaten nach dem Grundrezept (siehe S. 13) einen Hefeteig zubereiten und mit einem Küchentuch abgedeckt bei Zimmertemperatur ca. 45 Min. gehen lassen.

2 Den Ofen auf 200° vorheizen, ein Backblech mit Backpapier auslegen. Den gegangenen Hefeteig auf wenig Mehl kurz durchkneten und vor der weiteren Verarbeitung zugedeckt »entspannen« lassen. Den Teig auf wenig Mehl in Größe des Backblechs ausrollen und auf das Blech legen. Mehrmals mit einer Gabel einstechen und nochmals zugedeckt ca. 5 Min. gehen lassen.

3 Inzwischen die Zwetschgen waschen, entsteinen und am oberen und unteren Rand leicht einschneiden. Den Hefeteig mit den aufgeklappten Zwetschgen dachziegelartig belegen. Für die Streusel die restlichen Zutaten in einer Rührschüssel mit den Knethaken des Handrührgeräts kurz verkneten. Die Streusel auf den Zwetschgen verteilen. Den Kuchen im Ofen (Mitte) in 30–35 Min. goldbraun backen. Herausnehmen und warm genießen.

VARIANTEN MIT QUARK ODER ÄPFELN
Für eine Quarkfüllung 1 kg Magerquark, 2 Eier, 0,6 g Steviosid-Extrakt und 2 Pck. Vanille-Puddingpulver gut verrühren und auf dem Hefeteig verteilen. Die Streusel auf die Quarkfüllung streuen und den Kuchen wie angegeben backen.
Im Winter können Sie anstelle der Zwetschgen ca. 1,5 kg Äpfel (z. B. Boskop) als Belag nehmen. Einfach schälen, entkernen und in Spalten schneiden. Evtl. die Äpfel mit Zitronensaft beträufeln, damit sie sich nicht bräunlich verfärben.

RUSSISCHER APFELKUCHEN

500 g Äpfel (z. B. Boskop) | 6 – 7 EL Saft und ab-
geriebene Schale von 1 Bio-Zitrone | 2 EL Rum
(nach Belieben) | 5 zimmerwarme Eier | Salz |
125 g weiche Butter | 0,9 g Steviosid-Extrakt |
1 Msp. Vanillepulver | 150 g Naturjoghurt
(1,5 %) | 1 Msp. Zimt | 1 Pck. Backpulver |
2 EL Kakaopulver | 200 g Dinkelvollkornmehl |
125 g gemahlene Nüsse (z. B. Haselnüsse,
Walnüsse oder Mandeln) | Fett für die Form

Geht ganz einfach

Für 1 Springform von 26 cm ⌀ (12 Stücke) |
35 Min. Zubereitung | 1 Std. Backen
Pro Stück ca. 270 kcal, 7 g EW, 19 g F, 16 g KH

1 Den Ofen auf 170° vorheizen, die Springform
einfetten oder mit Backpapier auslegen. Die Äpfel
vierteln, schälen und jeweils vom Kerngehäuse be-
freien. Die Viertel in Blätter schneiden oder hobeln
und sofort mit 3 EL Zitronensaft und nach Belieben
mit dem Rum beträufeln. Die Apfelviertel bis zur
weiteren Verwendung beiseitestellen.

2 Die Eier trennen, das Eiweiß mit 3 – 4 EL Zitronensaft und 1 Prise Salz steif schlagen. Die Eigelbe
mit der Zitronenschale, der Butter, dem Steviosid-
Extrakt und dem Vanillepulver mit den Quirlen des
Handrührgeräts schaumig schlagen. Den Joghurt
und den Zimt dazugeben und unterrühren.

3 Das Backpulver mit Kakao und Mehl sieben und
nach und nach zur Eigelbmasse geben. Den steifen
Eischnee unterheben, zuletzt Äpfel und Nüsse mit
einem Löffel unter den Teig mischen. Den Teig
gleichmäßig in der Form verteilen. Den Kuchen im
Ofen (Mitte) in ca. 1 Std. goldbraun backen. Wenn
er fertig ist (Stäbchenprobe), den Kuchen aus dem
Ofen nehmen und abkühlen lassen.

ZITRONENKUCHEN

5 zimmerwarme Eier | Saft und abgeriebene Schale von 1 ½ Bio-Zitronen | 1 Prise Salz | 1,2 g Steviosid-Extrakt | 1 Msp. Vanillepulver | 200 g weiche Joghurtbutter | 1 gestr. TL Backpulver | 300 g Mehl | evtl. etwas Mineralwasser | Fett für die Form | 1 langes Holzstäbchen

Der bleibt lange saftig!

Für 1 Kastenform von 25-30 cm Länge (15 Stücke) | 30 Min. Zubereitung | 50 Min. Backen | 8 Std. Ziehen
Pro Stück ca. 185 kcal, 5 g EW, 12 g F, 15 g KH

1 Ofen auf 180° vorheizen, Kastenform mit wenig Joghurtbutter gut einfetten. Aus den Teigzutaten von 3 – 4 EL Zitronensaft und 0,9 g Steviosid-Extrakt nach dem Grundrezept (siehe S. 10) einen Rührteig zubereiten. Den Teig in die Form füllen und den Kuchen im Ofen (Mitte) ca. 50 Min. backen.

2 Wenn der Kuchen fertig ist (Stäbchenprobe), aus dem Ofen nehmen und sofort aus der Form stürzen. Noch warm mehrmals mit einem Holzstäbchen einstechen. Den restlichen Zitronensaft mit 0,3 g Steviosid-Extrakt verrühren und mit einem Pinsel gleichmäßig auf dem noch warmen Kuchen verteilen. Anschließend den Zitronenkuchen in Alufolie einwickeln und ca. 8 Std., am besten über Nacht, durchziehen lassen.

TIPP

Für die feine Kaffeetafel überziehen wir den Kuchen noch mit einer Zitronenglasur: Dazu 200 g Natura Stevia Plus in eine kleine Schüssel sieben, 2 – 3 EL Zitronensaft nach und nach dazugeben und glatt rühren. Genauso fein und etwas günstiger ist eine Schokoglasur.

FRUCHTIGE HIMBEERKUPPEL

Erfrischend und lecker – das ist unser Schlemmerkuchen für alle Sommerfrüchte.
Unsere Lieblingsvariante bereiten wir mit Himbeeren zu.

Für den Teig:
0,4 g Steviosid-Extrakt
¼ l Milch (3,8 %)
25 g Butter
80 g Weizenvollkornmehl
15 g Speisestärke
Salz
4 zimmerwarme Eier
½ gestr. TL Backpulver
Fett für die Form
Für den Belag:
30 g Haferkleieflocken oder
1 Pck. Sahnesteif
500 g Himbeeren (oder andere
Sommerfrüchte)
2 Pck. roter Tortenguss
0,3 g Steviosid-Extrakt
1 TL abgeriebene Bio-
Zitronenschale

Obstboden mal anders

Für 1 Springform von 26 cm ⌀
(12 Stücke) |
30 Min. Zubereitung |
45 Min. Backen
Pro Stück ca. 160 kcal,
4 g EW, 6 g F, 23 g KH

1 Den Ofen auf 170° vorheizen. Die Form nur am Boden (!) einfetten. Für den Teig das Steviosid-Extrakt in der Milch auflösen und beides mit der Butter in einem Topf aufkochen. Mehl, Stärke und 1 Prise Salz auf einmal dazugeben und alles so lange mit den Quirlen des Handrührgeräts rühren, bis sich der Teig als Kloß vom Topfboden löst (Bild 1). Etwas abkühlen lassen.

2 Die Eier einzeln nacheinander zum Teig geben und jeweils gut verrühren (Bild 2). Zuletzt das Backpulver unterrühren und den Brandteig in die Form füllen. Boden im Ofen (Mitte) in ca. 45 Min. goldbraun backen, herausnehmen und abkühlen lassen.

3 Den abgekühlten Boden mit Haferkleieflocken oder Sahnesteif bestreuen. Die Himbeeren verlesen und ggf. putzen, dann kuppelartig auf den Boden geben (Bild 3). Tortenguss nach Packungsanweisung mit Steviosid-Extrakt anstelle von Zucker sowie der Zitronenschale und 500 ml Wasser zubereiten, über die Himbeeren verteilen und bis zum Servieren fest werden lassen.

VARIANTE WINDBEUTEL

Aus diesem Teig stellen wir auch sehr gerne Windbeutel her: Dazu den Brandteig in einen Spritzbeutel mit Sterntülle füllen und ca. 8 Windbeutel auf ein mit Backpapier belegtes Blech spritzen. Im Ofen (Mitte) bei 170° ca. 25 Min. backen. Herausnehmen, sofort aufschneiden und abkühlen lassen. Nach Belieben mit Himbeersahne oder einer herzhaften Creme aus Frischkäse, Kräutern und Knoblauch füllen.

KOKOSNUSSTORTE

Kokosnüsse und Rum sind typisch für die Küche der Karibik-Insel Martinique. Am besten schmeckt uns die Torte natürlich mit frischen Kokosnüssen.

Für den Teig:
6 zimmerwarme Eier
3 – 4 EL Zitronensaft
etwas abgeriebene Bio-
Zitronenschale
Salz
120 g Steevia® Groovia (oder
1 EL Zucker + 0,6 g Steviosid-
Extrakt)
1 Msp. Vanillepulver
180 g Mehl
(oder 120 g Mehl
+ 60 g Speisestärke)
1 Msp. Backpulver
Fett für die Form
Für die Füllung:
1 Kokosnuss oder
250 g Kokosnussfleisch
2 EL Kokosmilch
0,9 g Steviosid-Extrakt
2 EL brauner Rum
(nach Belieben)
3 Eier
Salz
1 Pck. Vanille-Puddingpulver
400 ml Milch (1,5 %)
16 Belegkirschen
(nach Belieben)

Karibische Grüße

Für 1 Springform von 28 cm ⌀
(16 Stücke) |
1 Std. 30 Min. Zubereitung |
30 Min. Backen |
2 Std. Kühlen
Pro Stück ca. 160 kcal,
6 g EW, 10 g F, 12 g KH

1 Den Ofen auf 170° vorheizen, die Form einfetten. Für den Teig die Eier trennen, die Eiweiße mit Zitronensaft und -schale sowie 1 Prise Salz steif schlagen. Die Eigelbe mit 4 EL warmem Wasser mit den Quirlen des Handrührgeräts gut schaumig schlagen. Nach und nach das Stevia-Granulat und das Vanillepulver zur Eimasse geben und alles im warmen (!) Wasserbad dick-cremig schlagen.

2 Den Eischnee auf die Eigelbmasse geben, das Mehl mit dem Backpulver darübersieben und alles mit einem Schneebesen locker unterheben (nicht rühren!). Den Teig gleichmäßig in der Form verteilen und den Biskuit im Ofen (Mitte) in 25 – 30 Min. nicht zu dunkel backen. Dann herausnehmen, ca. 2 Std. abkühlen lassen und zweimal horizontal durchschneiden.

3 Inzwischen für die Füllung die Kokosnuss an einer dünnen Stelle anbohren, die Milch abgießen und auffangen. Die Nuss aufschlagen, das Fruchtfleisch herauslösen und zugedeckt beiseitestellen. 2 EL Kokosmilch erhitzen und 0,3 g Steviosid-Extrakt darin auflösen. Rum hinzufügen, alles abkühlen lassen.

4 Die Eier trennen und das Eiweiß mit 1 Prise Salz sehr (!) steif schlagen. Das Puddingpulver mit 4 EL Milch, den Eigelben und 0,6 g Steviosid-Extrakt glatt rühren. Die restliche Milch aufkochen, das angerührte Puddingpulver dazugeben und unter Rühren mehrmals aufkochen lassen. Vom Herd nehmen, den Eischnee unterheben und die Vanillecreme ca. 1 Std. kühl stellen.

5 Den unteren Boden auf eine Tortenplatte setzen. Mit etwas Kokosmilch-Rum-Mischung tränken und ca. 1 cm dick mit Vanillecreme bedecken. Den zweiten Boden auflegen, ebenfalls tränken und mit Creme bedecken, mit dem dritten Boden ebenso verfahren. Die Torte rundum mit Creme bestreichen. Das Kokosnussfruchtfleisch sehr fein und gleichmäßig über die Torte reiben, so dass diese überall mit einer dicken Schicht bedeckt ist. Zuletzt die Kokosnusstorte nach Belieben mit den Belegkirschen verzieren.

BIRNEN-QUARK-TORTE

Eine wahrhaft wandelbare Torte: Anstelle der Birnen schmeckt sie auch mit Pfirsichen, Kirschen oder Mandarinen ganz wunderbar.

Für den Teig:
125 g Joghurtbutter
0,3 g Steviosid-Extrakt
abgeriebene Schale
von 1 Bio-Zitrone
1 Ei oder 2 Eigelb
250 g Mehl | 1 Prise Salz
250 g getrocknete Erbsen
Fett für die Form
Mehl zum Arbeiten
Für die Füllung:
6 Blatt weiße Gelatine
1 Dose Birnen (natursüß;
Abtropfgewicht 480 g)
2 EL Birnengeist (ersatzweise
Birnendicksaft)
500 g Magerquark
3 – 4 EL Zitronensaft
0,6 g Steviosid-Extrakt
400 g Sahne
4 EL Johannisbeergelee mit
Stevia

Festtagskuchen

Für 1 Springform von 26 cm ⌀
(12 Stücke) | 50 Min. Zubereitung | 30 Min. Backen |
8 Std. Kühlen
Pro Stück ca. 320 kcal,
10 g EW, 19 g F, 26 g KH

1 Den Ofen auf 170° vorheizen, die Form einfetten oder mit Backpapier auslegen. Aus den Teigzutaten nach dem Grundrezept (siehe S. 12) einen Mürbeteig zubereiten und wie beschrieben die Form damit auskleiden. Für das Blindbacken den Teig mit Backpapier auslegen, mit getrockneten Erbsen füllen und im Ofen (Mitte) ca. 30 Min. backen. Herausnehmen, Erbsen und Backpapier vorsichtig entfernen und den Boden abkühlen lassen.

2 Inzwischen für die Füllung die Gelatineblätter in kaltem Wasser einweichen. Die Birnen in ein Sieb abgießen und dabei den Saft auffangen. Die Birnen auf einen flachen Teller legen, mit dem Birnengeist übergießen. Den Quark mit dem Zitronensaft glatt rühren. Birnensaft in einem Topf erhitzen und das Steviosid-Extrakt darin auflösen. Vom Herd nehmen und etwas abkühlen lassen.

3 Die eingeweichten Gelatineblätter gut ausdrücken und unter Rühren nach und nach im Birnensaft auflösen, dann ca. 20 Min. kühl stellen. Wenn der Saft fest zu werden beginnt, den Quark unterrühren. Die Sahne steif schlagen. Ca. ein Viertel für die Garnitur beiseitestellen, den Rest mit 3 EL Johannisbeergelee mischen.

4 Die getränkten Birnen auf den gebackenen Mürbeteigboden legen und die Quarkmasse kuppelartig darüberstreichen. Die Johannisbeersahne über der Kuppel verstreichen. Restliche Sahne mit einem Spritzbeutel mit Sterntülle als Tupfen auf der Kuppel verteilen. Sahnetupfen mit dem übrigen Gelee garnieren. Torte vor dem Anschneiden ca. 8 Std., am besten über Nacht, kühl stellen.

MUFFINS & KLEINGEBÄCK

Wir lieben Muffins und Kekse, weil sie so schnell gebacken sind. Und wir schätzen sie, weil sich die Zutaten immer wieder pfiffig tauschen lassen. Selbst ungeübte Bäcker können so mit ihren raffinierten Köstlichkeiten großen Eindruck machen.

BEERENTÖRTCHEN

Kleine Mürbeteig-Tarteletts, die wir gerne im Voraus backen, einfrieren und für Spontanbesuch wieder hervorzaubern. Praktisch und lecker!

Für den Teig:
50 g Butter
0,6 g Steviosid-Extrakt
Bittermandelaroma
1 Ei
100 g Mehl
25 g gemahlene Mandeln
Fett für die Form
Mehl zum Arbeiten
Für die Füllung:
250 g Himbeeren
300 g Heidelbeeren
250 g Quark (20 %)
0,9 g Steviosid-Extrakt
abgeriebene Schale von 1 Bio-Zitrone
1 Msp. Vanillepulver

Zum Kaffeeklatsch

Für 8 runde Förmchen
von 8 – 10 cm ⌀ |
30 Min. Zubereitung |
15 Min. Backen
Pro Stück ca. 220 kcal,
7 g EW, 11 g F, 23 g KH

1 Den Ofen auf 180° vorheizen, die Förmchen einfetten. Für den Teig die Butter mit den Quirlen des Handrührgeräts schaumig schlagen. Steviosid-Extrakt, einige Tropfen Bittermandelaroma und das Ei mit 2 EL Wasser dazugeben und die Masse kräftig aufschlagen. Dann Mehl und Mandeln dazugeben und die Masse krümelig rühren. Den Teig auf wenig Mehl kurz mit den Händen kneten. Dann den Teig zu einem flachen Fladen formen und in ein Stück Frischhaltefolie gewickelt ca. 30 Min. kühl stellen.

2 Den Teig zu einer Rolle formen und in 8 gleich große Stücke schneiden. Je 1 Teigstück in ein Förmchen drücken, dabei jeweils einen kleinen Rand formen. Mit einer Gabel mehrmals einstechen und die Törtchen im Ofen (Mitte) 12 – 15 Min. backen, herausnehmen und abkühlen lassen. Zum Füllen aus den Förmchen lösen.

3 Für die Füllung die Beeren verlesen, ggf. waschen und abtropfen lassen. Unmittelbar vor dem Servieren den Quark mit Steviosid-Extrakt, Zitronenschale und Vanillepulver verrühren. Beeren vorsichtig unterziehen und jedes Törtchen mit Beerenquark füllen.

VARIANTE MIT FRÜCHTEMIX
Diese Törtchen füllen wir auch gerne mit einem Früchtemix aus 1 Banane, 2 Pfirsichen und 1 Handvoll Weintrauben: Die Pfirsiche und die Weintrauben in mundgerechte Stücke, die Banane in Scheiben schneiden. Die Obststücke mischen und auf die Böden verteilen, mit klarem Tortenguss überziehen.

APEROL-SAHNE-CUPCAKES

80 g reife Aprikosen | 40 g geschälte Mandeln |
80 g Öl | 1 zimmerwarmes Ei | 150 g Natur-
joghurt (1,5 %) | 0,4 g Steviosid-Extrakt |
125 g Mehl | 1 Pck. Backpulver | ½ gestr. TL Nat-
ron | 8 EL Aperol (ersatzweise Kirschsaft) |
200 g Sahne | Mark von 1 Vanilleschote |
50 g Mandelblättchen zum Verzieren |
25 – 30 kleine Papierförmchen (ca. 3,2 cm ⌀) |
Zahnstocher

Klein, aber oho!

Für 25 – 30 Cupcakes | 30 Min. Zubereitung |
18 Min. Backen
Pro Stück ca. 85 kcal, 2 g EW, 7 g F, 5 g KH

1 Den Backofen auf 160° (Umluft) vorheizen und
die Papierförmchen auf ein Blech setzen. Aprikosen waschen, halbieren, entkernen und in kleine
Stücke schneiden. Mandeln ebenfalls klein hacken.

2 Für den Teig in einer Rührschüssel das Öl mit
dem Ei und dem Joghurt verrühren. 0,3 g Steviosid-
Extrakt hinzufügen und gründlich unterrühren.
Zum Schluss das Mehl mit Backpulver und Natron

mischen und mit den klein gehackten Mandeln
und den Aprikosenstückchen mit einem Rührspatel
vorsichtig unter den Teig heben.

3 Den Teig in die Förmchen verteilen und die Muffins im Ofen (Mitte) ca. 18 Min. backen. Sofort nach
dem Backen herausnehmen, mit einem Zahnstocher mehrmals einstechen und noch warm mit
Aperol oder Kirschsaft tränken. Abkühlen lassen.

4 Für die Cremehaube die Sahne mit dem restlichen Steviosid-Extrakt verrühren und steif schlagen, das Vanillemark unterrühren. Zum Servieren
die Vanillesahne auf die abgekühlten Muffins verteilen und jeweils mit Mandelblättchen verzieren.

TIPP

Die Cupcakes können in einer Dose wunderbar
1 – 2 Wochen lagern. Sie werden mit der Zeit sogar immer besser, da sie durchziehen und
mürbe werden. Das Topping bereiten wir dann
natürlich zum Servieren frisch zu.

SCHOKOMUFFINS

85 g Stevia-Schokolade Vollmilch oder Zartbitter | 2 zimmerwarme Eier | 200 g Naturjoghurt (1,5 %) | 10 – 12 Tropfen Steviosid-Flüssigextrakt | 180 g Weizenvollkornmehl | 1 Pck. Backpulver | 3 EL Kakaopulver (schwach entölt) | 1 EL Rum (nach Belieben) | 12 Papierförmchen

Schnell gemacht

Für 1 Muffinblech (12 Stück) | 30 Min. Zubereitung | 30 Min. Backen
Pro Stück ca. 105 kcal, 4 g EW, 5 g F, 12 g KH

1 Den Ofen auf 180° vorheizen, Förmchen in das Blech setzen. Die Schokolade klein hacken und beiseitestellen. Die Eier sehr (!) schaumig schlagen. Joghurt und Stevia-Fluid hinzufügen und alles kräftig verrühren, damit sich die Süße gut verteilt.

2 Das Mehl mit Backpulver und Kakao mischen. Joghurtmasse und Rum dazugeben und alles gut verrühren, gehackte Schokolade unterziehen. Teig in die Papierförmchen verteilen. Im Ofen (Mitte) in ca. 30 Min. goldbraun backen. Herausnehmen und auf einem Kuchengitter abkühlen lassen.

HIMBEER-AMARANTH-MUFFINS

250 Himbeeren (ggf. TK) | 30 g Steevia® Groovia (oder 1 EL Zucker + 0,1 g Steviosid-Extrakt) | 80 ml Öl | 300 ml Kefir | 1 EL Orangenaroma | 40 g Amaranth (gepoppt) | 200 g Weizenvollkornmehl | 1 ½ gestr. TL Backpulver | ½ gestr. TL Natron | 12 Papierförmchen

Knuspergut

Für 1 Muffinblech (12 Stück) | 20 Min. Zubereitung | 25 Min. Backen
Pro Stück ca. 175 kcal, 3 g EW, 8 g F, 23 g KH

1 Den Ofen auf 180° (Umluft) vorheizen, die Förmchen in das Blech setzen. Die Himbeeren verlesen, ggf. waschen und abtropfen lassen (TK-Beeren nicht auftauen lassen!). Stevia-Granulat mit Öl und Kefir gründlich mischen. Orangenaroma, Amaranth-Pops, Mehl, Backpulver und Natron hinzufügen und alles zügig verrühren.

2 Himbeeren vorsichtig unter die Masse heben (nicht rühren!) und Teig in die Förmchen verteilen. Im Ofen (Mitte) in ca. 25 Min. goldbraun backen. Herausnehmen und abkühlen lassen.

MOHNKÜCHLEIN

200 g gemahlener Mohnsamen | ⅛ l heiße Milch (1,5 %) | 1 Msp. Vanillearoma | 1,2 g Steviosid-Extrakt | Salz | 30 g Speisestärke | 170 g Mehl | 1 Pck. Backpulver | ½ gestr. TL Natron | 100 g helles Mandelmehl (entölt) | 200 ml Kefir | 80 ml neutrales Öl | 10 g Flohsamenschalen | 20 Papierförmchen

Kohlenhydratarm

Für 20 Küchlein | 25 Min. Zubereitung | 25 Min. Backen
Pro Stück ca. 140 kcal, 5 g EW, 9 g F, 9 g KH

1 Ofen auf 180° (Umluft) vorheizen, die Papierförmchen auf ein Blech setzen. Für die Mohnmasse den Mohn in einer Schüssel mit der heißen Milch überbrühen und mit Vanille, 0,6 g Steviosid-Extrakt und 1 Prise Salz mischen. Anschließend die Mohnmischung ca. 15 Min. quellen lassen.

2 Inzwischen Stärke, Mehl, Backpulver, 0,6 g Steviosid-Extrakt, Natron und Mandelmehl in einer Rührschüssel gründlich verrühren. Den Kefir hinzufügen und unterheben. Die Mohnmasse zum Teig geben, Öl und Flohsamenschalen dazugeben und alles gut zu einem Teig verrühren.

3 Den Teig in die Papierförmchen verteilen und die Küchlein im Ofen (Mitte) ca. 25 Min. backen. Herausnehmen und auf einem Kuchengitter kurz abkühlen lassen, nach Belieben warm genießen.

TIPP

Wir haben bei diesen Küchlein einen Teil des Weizenmehls durch sogenanntes Mandelmehl ersetzt. Heraus kommt ein wirklich kohlenhydratarmes Gebäck – darum heißen die Mohnküchlein bei uns auch »Low-carb-Küchlein« und sind heiß begehrt!

MÜSLITALER

40 g Haferflocken | 25 g Haferkleie | 50 g Sesamsamen | 100 g gehackte Mandeln | 100 g Zitronat | 2 EL Rum (ersatzweise Vanillesirup) | 0,6 g Steviosid-Extrakt | 100 g weiche Butter | 150 g Naturjoghurt (1,5 %) | 120 g Mehl (Type 1050) | ½ Pck. Backpulver | Salz | 10 g Amaranth (gepoppt) | 16 Papierförmchen

Kernig mit Biss

Für 16 Stück | 25 Min. Zubereitung | 20 Min. Backen
Pro Stück ca. 170 kcal, 4 g EW, 11 g F, 13 g KH

1 Den Ofen auf 200° vorheizen, die Papierförmchen nebeneinander auf ein Blech setzen. Haferflocken, Haferkleie, Sesam und gehackte Mandeln in einer Pfanne ohne Fett unter Rühren anrösten, bis es zu duften beginnt. Die Nussmischung anschließend herausnehmen und abkühlen lassen.

2 Das Zitronat im Rum einweichen lassen. In einer Schüssel Steviosid-Extrakt, Butter und Joghurt mit den Quirlen des Handrührgeräts gut verrühren. Dann das Mehl mit Backpulver und 1 Msp. Salz untermischen. Anschließend die abgekühlte Nussmischung unter den Teig rühren. Zum Schluss die Amaranth-Pops nur kurz untermischen.

3 Die Teigmasse in die Papierförmchen verteilen und im Ofen (Mitte) in 15 – 20 Min. goldbraun backen. Herausnehmen und abkühlen lassen.

TIPP

Die Müslitaler halten sich lange frisch. Sie sind prima für den kleinen Süßhunger zwischendurch und ideal zum Mitnehmen. Außerdem sind sie dank vieler Ballaststoffe echt gesund.

MÜRBE KEKSE

250 g weiche Butter oder Margarine | 3 zimmer-warme Eigelb | 0,6 g Steviosid-Extrakt | Salz | 350 g Mehl | 1 Eiweiß zum Bestreichen | gemahlene Haselnüsse zum Wenden | 2 TL Daforto Stevia Plus | Mehl zum Arbeiten

Immer wieder gut

Für ca. 45 Stück | 1 Std. Zubereitung |
20 Min. Backen | 1 Std. Kühlen
Pro Stück ca. 75 kcal, 1 g EW, 5 g F, 6 g KH

1 Die weiche Butter in einer Schüssel mit den Quirlen des Handrührgeräts schaumig schlagen. In einer Tasse die Eigelbe mit dem Steviosid-Extrakt und 1 Prise Salz verquirlen und anschließend gründlich unter die Butter rühren. Das Mehl zur Butter-Ei-Masse geben und alles gut mit den Knethaken des Handrührgeräts durchkneten. Den Teig mit den Händen zu einer Kugel formen und in Frischhaltefolie gewickelt ca. 1 Std. kühl stellen.

2 Den Ofen auf 170° vorheizen ein Backblech mit Backpapier auslegen. Den Teig mit dem Nudelholz auf der bemehlten Arbeitsfläche 1 – 1½ cm dick ausrollen. Mit einem Ausstecher (z. B. einem Kränz-chen) Plätzchen aus dem Teig stechen und diese auf das Blech setzen.

3 Das Eiweiß in einer Tasse verquirlen. Die Plätzchen mit der Oberseite zuerst in das Eiweiß und dann in die Haselnüsse tauchen, anschließend zum Backen wieder auf das Blech setzen. Die Kekse im Ofen (Mitte) ca. 20 Min. backen. Inzwischen das Stevia-Granulat auf einen kleinen Teller geben. Die noch heißen Kekse mit der Nuss-Seite hineintauchen, dann abkühlen lassen.

TIPP

So sollen Kekse sein: Der Mürbeteig wird beim Backen richtig schön blättrig und zergeht beim Essen beinahe auf der Zunge.

LINZER PLÄTZCHEN

250 g weiche Joghurtbutter | 3 Eigelb |
0,1 g Steviosid-Extrakt | Salz | 280 g Mehl |
Konfitüre zum Füllen | Mehl zum Arbeiten

Für den Plätzchenteller

Für ca. 50 Stück | 1 Std. 10 Min. Zubereitung |
15 Min. Backen | 1 Std. Kühlen
Pro Stück ca. 55 kcal, 1 g EW, 4 g F, 4 g KH

1 Butter schaumig schlagen. Eigelbe, Steviosid-
Extrakt und 1 Prise Salz dazugeben und alles gut
verrühren. Das Mehl zur Butter-Ei-Masse geben
und alles gut mit den Knethaken des Handrührgeräts durcharbeiten, bis ein homogener Teig entstanden ist. Den Teig zu einer Kugel formen, in
Frischhaltefolie wickeln und ca. 1 Std. kühl stellen.

2 Den Ofen auf 170° vorheizen, ein Blech mit
Backpapier auslegen. Den Teig auf wenig Mehl
dünn ausrollen und mit einem Ausstecher (z. B.
einem Herz) Plätzchen ausstechen. Auf das Blech
setzen und im Ofen (Mitte) 10 – 15 Min. backen.
Herausnehmen und abkühlen lassen. Je zwei Plätzchen mit einem Klecks Konfitüre zusammenkleben.

MANDELSTANGEN

6 – 7 EL Milch | 0,6 g Steviosid-Extrakt | Salz |
250 g Mehl | 100 g gemahlene abgezogene
Mandeln oder Haselnüsse | 1 gestr. TL Back-
pulver | 100 g weiche Joghurtbutter | 1 Eigelb
zum Bestreichen | Mehl zum Arbeiten

Zum Cappuccino

Für ca. 70 Stück | 1 Std. Zubereitung |
17 Min. Backen | 1 Std. Kühlen
Pro Stück ca. 70 kcal, 1 g EW, 5 g F, 5 g KH

1 Die Milch mit Steviosid-Extrakt und 1 Prise Salz
erwärmen. Mehl, Mandeln, Backpulver und Butter
verkneten. Nach und nach die Milch dazugeben,
bis ein fester Teig entstanden ist. Den Teig zu einer
Kugel formen und in Frischhaltefolie gewickelt
ca. 1 Std. kühl stellen.

2 Ofen auf 170° vorheizen, Blech mit Backpapier
auslegen. Teig auf wenig Mehl ½ cm dick ausrollen
und in etwa fingergroße Stangen schneiden, auf
das Backblech setzen. Eigelb verquirlen und die
Stangen damit oben bestreichen. Im Ofen (Mitte)
15 – 17 Min. backen, dann abkühlen lassen.

REGISTER

Damit Sie Rezepte mit bestimmten Zutaten noch schneller finden, sind in diesem Register auch beliebte Zutaten wie **Nüsse** oder **Quark** alphabetisch eingeordnet und hervorgehoben. Darunter finden Sie das Rezept Ihrer Wahl.

Copyright © 2013 GRÄFE UND
UNZER VERLAG GmbH, München
Alle Rechte vorbehalten. Nach-
druck, auch auszugsweise, sowie
die Verbreitung durch Film, Funk,
Fernsehen und Internet, durch
fotomechanische Wiedergabe,
Tonträger und Datenverarbei-
tungssysteme jeglicher Art nur
mit schriftlicher Genehmigung
des Verlages.

Projektleitung:
Stefanie Poziombka
Lektorat: Kathrin Gritschneder
Korrektorat: Mischa Gallé
Herstellung: Renate Hutt
Satz: Kösel, Krugzell
**Innen- und Umschlaggestal-
tung:** independent Medien-
Design, Horst Moser, München
Reproduktion: Repro Ludwig,
Zell am See
Druck und Bindung: Firmen-
gruppe APPL, aprinta Druck,
Wemding
Syndication:
www.jalag-syndication.de

1. Auflage 2013
ISBN 978-3-8338-3428-8

 www.facebook.com/gu.verlag

GRÄFE
UND
UNZER

Ein Unternehmen der
GANSKE VERLAGSGRUPPE

Die Autorinnen

Diplom-Oecotrophologin **Chris-
tiane Schäfer** ist selbstständige
Ernährungstherapeutin in einer
allergologischen Schwerpunkt-
praxis. **Sandra Strehle** arbeitet
freiberuflich als staatl. geprüfte
Diätassistentin, Adipositas-Trai-
nerin sowie Ernährungsfachkraft
Allergologie. Oft nach Stevia-
Backrezepten gefragt, begannen
beide, damit zu experimentieren.

Der Fotograf

Jörn Rynio zählt zu seinen Auf-
traggebern internationale Zeit-
schriften, namhafte Buchverlage
und Werbeagenturen. Der gebür-
tige Hamburger setzt Food-Spe-
zialitäten stimmungsvoll in
Szene – tatkräftig unterstützt von
Michaela Suchy (Styling) und
Antje Küthe (Foodstyling).

Bildnachweis

Titelfoto: Wolfgang Schardt,
Hamburg; Autorenbild/Vorwort:
privat; alle Fotos: Jörn Rynio;
außer S. 5: Stockfood

Titelbildrezepte

Omas Schokokuchen (S. 19)

Umwelthinweis

Dieses Buch ist auf PEFC-zertifi-
ziertem Papier aus nachhaltiger
Waldwirtschaft gedruckt.

QUALITÄTS
G|U
GARANTIE

Liebe Leserin, lieber Leser,

haben wir Ihre Erwartungen erfüllt?
Sind Sie mit diesem Buch zufrie-
den? Haben Sie weitere Fragen zu
diesem Thema? Wir freuen uns auf
Ihre Rückmeldung, auf Lob, Kritik
und Anregungen, damit wir für Sie
immer besser werden können.

GRÄFE UND UNZER Verlag
Leserservice
Postfach 86 03 13
81630 München
E-Mail:
leserservice@graefe-und-unzer.de

Telefon: 0800 / 723 73 33*
Telefax: 0800 / 501 20 54*
Mo–Do: 8.00–18.00 Uhr
Fr: 8.00–16.00 Uhr
(gebührenfrei in Deutschland)*

Ihr GRÄFE UND UNZER Verlag
Der erste Ratgeberverlag – seit 1722.

Backofenhinweis:
Die Backzeiten können je nach Herd
variieren. Die Temperaturangaben
in unseren Rezepten beziehen sich
auf das Backen im Elektroherd mit
Ober- und Unterhitze und können
bei Gasherden oder Backen mit Umluft abweichen. Details entnehmen
Sie bitte Ihrer Gebrauchsanweisung.

So viel mehr lecker.

SCHOKOGLASUREN MIT STEVIA

Schokoladenguss mit Stevia-Produkten bereiten Sie genauso einfach zu wie mit herkömmlicher Schokolade – egal, ob weiß oder dunkel.

EINFACHE SCHOKOGLASUR

Für 1 Kasten- oder Napfkuchen ca. 180 g Stevia-Schokolade schmelzen bzw. temperieren. Dafür die Schokolade in kleine Stücke brechen und zwei Drittel davon in eine Metallschüssel geben. In ein heißes Wasserbad setzen und vorsichtig unter Rühren erhitzen, bis eine dünnflüssige Glasur entstanden ist. Dabei darauf achten, dass kein Wasser in die Schokolade kommt und das Ganze nicht kocht (sonst wird die Glasur beim Abkühlen grau). Anschließend die Glasur aus dem Wasserbad nehmen und das restliche Drittel Schokostücke darin unter Rühren auflösen. Auf diese Weise hat die Glasur die richtige Temperatur, um damit den abgekühlten Kuchen zu überziehen und nach dem Festwerden nicht grau zu werden.

BUTTER-SAHNE-SCHOKOGLASUR

Für eine cremig-dicke Glasur 100 g zerkleinerte Stevia-Schokolade mit 25 g Butter im heißen Wasserbad schmelzen. Herausnehmen, 50 g Sahne unterrühren und die Glasur auf dem bereits abgekühlten Kuchen verteilen.

SCHOKO-FETT-GLASUR

Für 1 Rührkuchen: 75 g Kokosfett (z. B. Palmin) schmelzen, beiseitestellen. 2 Eiweiße, 4 EL heißes Wasser, 4 EL Kakao (schwach entölt) und 1 EL Stevia-Granulat (Daforto Stevia Plus) glatt rühren und im warmen Wasserbad unter Rühren lauwarm erhitzen. Das flüssige Palmfett unterrühren und den Kuchen sofort damit überziehen (Achtung: Diese Glasur trocknet nach dem Abkühlen rasch!).